Werner Reichel
DER BAUM
Ein Gipfel der Natur

Gefördert
durch die Niedersächsische
Lottostiftung

DER BAUM
EIN GIPFEL DER NATUR

GESICHTER EINER EICHE

Fotografien und Texte WERNER REICHEL

1999
Olms Presse
Hildesheim · Zürich · New York

Die Veröffentlichung dieses Bandes wurde ermöglicht durch die Unterstützung der Niedersächsischen Lottostiftung Hannover.

Der Abdruck der klassischen japanischen Haikus erfolgt mit freundlicher Genehmigung des Reclam-Verlags Stuttgart.
Ausgabe: *Haikus. Japanische Dreizeiler*, Stuttgart 1995 (Reclam UB 9400)

Der Abdruck der Fotos zu Ausgrabungen um die Gielder Eiche erfolgt mit freundlicher Genehmigung des Braunschweigischen Landesmuseums, Wolfenbüttel.

Die Deutsche Bibliothek – CIP-Einheitsaufnahme

Reichel, Werner:
Der Baum : ein Gipfel der Natur ; Fotografien und Texte / Werner Reichel. Hrsg. durch die Niedersächsische Lottostiftung. – Hildesheim ; Zürich ; New York : Olms-Presse, 1999
ISBN 3-487-08410-4

⊗ ISO 9706
© Georg Olms Verlag AG, Hildesheim 1999
Alle Rechte vorbehalten
Printed in Germany
Gestaltung: Prof. P. König, Hildesheim
Satz und Layout: Verlagsdienstleistungen, Berlin
Lithos: Büscher-Repro, Braunschweig
Herstellung: Druckhaus Berlin-Mitte
Gedruckt auf säurefreiem und alterungsbeständigem Papier
ISBN 3-487-08410-4

Bäume ...

Bäume gelten als ein Symbol des Lebens, als Ausdruck gewachsener Kraft, Stärke und Schönheit.

Einen Baum aber „nur" seiner Schönheit und Größe wegen abzubilden, ohne einen weiterführenden Gedanken daran zu knüpfen, erscheint mir angesichts der Bedrohung und Verletzung der Natur zu einfach.

Ich möchte erreichen, daß über die Bilder das Empfinden des Betrachters geweckt wird und er den Baum in seinem Umfeld als einen wichtigen Teil der Schöpfung, als einen Teil des Ganzen sieht.

Die silhouettenhaften Darstellungen der Bäume im Herbst oder Winter, die das bizarre Astwerk als „Seele" des Baumes im wechselnden Licht zeigen, sollen den Blick des Betrachters für das Wesentliche schärfen und auch den Raum darüber – Himmel, Wolken, Horizont – als Teil des Kosmos einbeziehen.

Die häufige Frage, warum es immer wieder ein Baum oder „der Baum" ist, den es mich reizt zu fotografieren, ist für mich schwer zu beantworten. Sicher aber ist es kein vorübergehendes, dem Zeitgeist unterworfenes Interesse für Umwelt und Natur, sondern eher ein seit der Kindheit gewachsener Bezug, der nicht erst geschaffen werden mußte. So ist für mich das Abbilden eines Baumes, ob mit dem Fotoapparat oder mit dem Zeichenstift, ein Dialog zwischen Mensch und Natur, den es in vielfältiger Weise immer neu zu führen gilt.

Ein Baum ist mehr ...

Dieses Buch soll ein Denkanstoß sein. In einer Zeit erschreckender Nachrichten vom Sterben der Wälder soll auf den Baum als Lebewesen hingewiesen werden, auf seine Schönheit, seine Kraft und Verletzbarkeit und seinen unschätzbaren Wert für uns alle.

Erich Kästner sagt in einer Betrachtung über Bäume: „Die Seele wird vom Pflastertreten krumm; mit Bäumen kann man reden wie mit Brüdern und tauscht bei Ihnen seine Seele um.".

Und was ist ein Baum?

– Ein Baum ist Sauerstoffspender, Luftfilter, Wasserspeicher.

– Ein Baum ist Schattenspender, Rohstofflieferant und Bodenschützer.

– Ein Baum ist „Lebensspender".

Erst jetzt, angesichts wachsender Gefährdung und Vernichtung unserer Wälder, wird uns der Wert des Baumes bewußt, und wir merken auch: Ein Baum ist nicht kurzfristig ersetzbar.

Die Zeit hat für den Baum eine andere Dimension als für den Menschen. Das Leben der Bäume vollzieht sich in kleinen Schritten. Sie wachsen langsam, kaum merklich, beständig. Das Sterben vollzieht sich schnell, lautlos, gründlich!

Im ökologischen Kreislauf sind Bäume wichtige Bindeglieder in einer Kette lebenspendender, komplizierter Vorgänge, die auch wir zum Leben brauchen.

In ihrer Vielfalt sind Bäume immer wieder bestaunenswerte Schöpfungen, ein Gipfel der Natur. Sie gilt es um jeden Preis zu erhalten – um unsrer selbst willen.

Zu meiner Fotoarbeit:

Als ich 1981 zum ersten Mal an diesem Baum vorbeifuhr – er steht weithin sichtbar nur etwa 80 m von der Straße zwischen Gielde und Salzgitter-Ohlendorf (Niedersachsen) auf einem kleinen Hügel –, ahnte ich noch nicht, daß es eine Begegnung werden würde, die mich immer wieder an diesen Ort führen sollte – bis heute. Gewiß aber war: gleich zu Beginn übte der Baum eine Anziehungskraft auf mich aus, die ich mir nur schwer erklären kann. Vielleicht durch seine Form, seinen knorrigen Wuchs oder einfach, weil er in der Landschaft steht, monumental erhaben, einladend, einsam.

Das an diesem verregneten, grauen Apriltag entstandene Foto schien wenig erfolgversprechend. Erst Monate später, im November, gelang mir eine Aufnahme, die mir bis heute zu den beeindruckendsten zu gehören scheint, weil sie in einer unglaublichen, von der Natur gestalteten Komposition – Baum, Himmel, Wolken – einen faszinierenden Moment eines ständig wechselnden Spektrums des Lichts und der Farben festhält: in einem in allen Tönen schwingenden Blau des Raumes, Wolkenmuster, pfeilartig, apokalyptisch jagend, zum Zentrum des Lichts, davor die Silhouette des Baumes.

„Am Anfang war das Licht", der Beginn einer Bilderserie, die bis heute nicht abgeschlossen ist. Doch wie ist die Anziehungskraft eines Baumes zu erklären? Ist es eine geheimnisvolle Kraft, die die Menschen schon immer alten Bäumen zugeschrieben haben, oder ist es die Landschaft, die Umgebung im wechselnden Licht, die diesen Baum immer wieder anders erscheinen läßt, oder all das zusammen?

Ausgrabungen an der Gielder Eiche
in den 50er Jahren durch das
Landesmuseum Braunschweig

Urne, frühe Jastorfkultur
4. Jahrh. v. Chr.

Urne, Nienburger Form
6./7. Jahrh. v. Chr.

Die Gielder Eiche

Der Standort des Baumes ist in jedem Fall bedeutsam und geschichtsträchtig. Die Eiche steht auf einem Hügel, der zu einem eisenzeitlichen Gräberfeld gehört und heute nach Abtragung des ursprünglichen Gipfelpunktes durch Kiesabbau den höchsten Punkt des Eichbergs darstellt.

Der Boden besteht aus Lehm, Sand und Kies, den die Anwohner von Gielde und Bauern der Umgebung nutzten. In den 30er Jahren wurden durch Zufall Knochenreste und Brandstellen gefunden, was dann zu den ersten sporadischen Grabungen 1937 und 1938 führte. Erst in den 50er Jahren wurde gezielt nur etwa 20 Meter südlich und südöstlich der Eiche gegraben, nachdem inzwischen bereits längere Zeit gewerbemäßiger Kiesabbau betrieben wurde.

Funde belegten, daß die ältesten Gräber bis in die frühe Eisenzeit des 7. Jahrhunderts v. Chr. zurückreichen. Insgesamt wurden 52 von wahrscheinlich über 100 Gräbern untersucht. Bis zum 2. Jahrhundert n. Chr. wurden auf dem Eichberg die Toten der um Gielde ansässigen Bevölkerung bestattet.

Eine exakte Zuordnung zu bestimmten Volksstämmen ist heute nicht möglich. Gefäßfunde aus dem 5.–7. Jahrhundert v. Chr. werden der Nienburger und Beierstedter Form und damit

Urne, cheruskisch
1./2. Jahrh. n. Chr.

Kleiderschmuck,
späte Jastorfkultur,
Gürtelschließe,
Gewandfibeln.
Eine Fibel aus Koralle,
keltischen Ursprungs,
Zierringe.
1. Hälfte des 1. Jahrh. v. Chr.

einer sogenannten Grenzvölkerzeit zwischen Kelten und Germanen zugeordnet. Funde ab dem 4. Jahrhundert belegen die Jastorfkultur und damit germanischen Ursprung. Andere Funde ab dem 1. Jahrhundert v. Chr. werden den Cheruskern zugeschrieben.

Ungeklärt ist auch das Alter des Baumes. Nur aufgrund des äußeren Erscheinungsbildes ist eine genaue Bestimmung nicht möglich. Man vermutet, er könnte 350 Jahre oder auch älter sein. Fotos aus der Zeit der neueren Grabungen von 1951 zeigen, daß der Baum vor dem Blitzeinschlag 1974 höher war, an Stammdurchmesser aber nicht sichtbar zugenommen hat. Das läßt den Schluß zu, daß der Baum auf dem mageren Boden nur sehr langsam wächst und wahrscheinlich älter ist, als sein Umfang vermuten läßt. Als sicher gilt, daß die Eiche auf bislang noch nicht untersuchten Gräbern steht. Da der Baum seit 1936 unter Naturschutz steht, sind weitere Grabungen unter dem Baum nicht möglich.

Bis heute überstand die Gielder Eiche Kiesabbau und Grabungen unbeschadet. Auch ein mächtiger Blitzeinschlag im April 1974, der sich in der Spitze des Baumes teilte, ihn vom Wipfel bis zum Boden an zwei Stellen aufriß und ihm die heutige Form der Krone gab, vermochte ihn nicht zu Fall zu bringen.

Seit dieser Zeit wird das Naturdenkmal von zwei Gielder Naturschützern regelmäßig baumärztlich versorgt. Mit Holzbeitel, Säge und Paste versuchen sie, Pilzbefall und Fäulnis entgegenzuwirken.

Überhaupt haben die Gielder, so scheint es, ein besonderes Verhältnis zu „ihrem" Baum. Nirgendwo sonst während meiner langjährigen Fotoarbeiten zum Thema Natur, Wald und Umwelt war die Verbundenheit deutlicher als hier. In vielen Begegnungen, die sich immer mehr oder weniger zufällig ergaben, sprachen und sprechen die Menschen von „ihrer" Eiche. Darin kommt die besonders gewachsene Beziehung zwischen Mensch und Baum zum Ausdruck, die hier zu spüren ist.

Bemerkenswert ist in diesem Zusammenhang auch der Brief eines ehemaligen Gielders, in dem er mir seine Verbundenheit zu dem Baum beschreibt. Er verbrachte hier seine Jugendzeit, lebt seit vielen Jahren in Portugal und hatte auf Umwegen von meiner Fotoarbeit erfahren.

Zu diesem Buch

Die Bilder zeigen eine Auswahl der Aufnahmen aus den letzten 15 Jahren.

Erste Überlegungen, eine Reihe von Bildern dieses Baumes, neben Ausstellungen und Diavorträgen, in Form eines Bildbandes zu veröffentlichen, liegen bereits über zehn Jahre zurück. 1987 entstand eine Diaproduktion beim NDR-Fernsehen, die große Zustimmung fand. 1990 und 1991 brachte ich einen Bildkalender „Ein Baum ist mehr als nur ein Stück Holz" heraus.

1994 und 1996 folgten im Rahmen aktueller Unterhaltungs- und Informationssendungen weitere Auftritte im NDR-Fernsehen und -Rundfunk, die es mir ermöglichten, meine Ideen und Bilder der Eiche sowohl regional als auch überregional vorzustellen.

Von 1994 bis 1997 entstand aus Aufnahmen der Gielder Eiche die künstlerische Schwarzweiß-Bilderreihe „Adam und Eva", monochrome Collagen und Fotomontagen, die sich besonders der Beziehung Mensch – Baum widmen.

Umfangreiche Ausstellungen, zusammengestellt unter dokumentarischen und künstlerischen Aspekten, waren unter anderem 1995 im Landesfunkhaus Hannover, 1996 im Forum des Landkreises Goslar und 1997 im Niedersächsischen Umweltministerium Hannover zu sehen.

Auf der Grundlage dieser Bilder, die hundertmal denselben Baum, doch immer wieder anders, zeigen, soll in diesem Buch an unser Verantwortungsbewußtsein gegenüber der Umwelt appelliert und der Gedanke vermittelt werden, Bäume als lebenswichtig zu begreifen und zu erhalten.

Bilder und Texte sollen Sichtweisen nach innen eröffnen, die unsere Einstellung im Hinblick auf Umwelt und Natur hinterfragen.

Ich gehe dabei von dem Gedanken aus, daß sich Verantwortungsbewußtsein nur dann dauerhaft schaffen läßt, wenn es aus innerer Überzeugung wächst und nicht nur aus unmittelbarer Notwendigkeit kurzfristig gefordert wird.

Das bedeutet, daß die Bilder durch die Wiedergabe ganz besonderer, unwirklich anmutender Lichtstimmungen beitragen sollen, die Meditationsbereitschaft zu diesem Thema und damit die Hinwendung zu einem neuen Bewußtsein für die Umwelt zu fördern.

Dementsprechend sind die Bilder in verschiedenen Kapiteln zu thematischen Schwerpunkten angeordnet, denen jeweils ein kurzer einführender Text vorangestellt ist: „Am Anfang war das Licht", „Mit Bäumen reden wie mit Brüdern" und „Unter einer rauhen Rinde bleibt ein verletzliches Inneres". Ein allgemeiner gefaßtes Kapitel „Gedanken zum Thema Baum", in dem kurze japanische Verse, sogenannte Haikus, die meditative Stimmung der Baumbilder aufgreifen und vertiefen, bildet den Abschluß. Bei den japanischen Haikus handelt es sich um eine japanische Lyrikform mit sehr alter Tradition. Sie sollen in kurzer Form, gefaßt in siebzehn Silben, eine Naturstimmung, einfach und klar ausdrücken. Heute noch werden in Japan dazu Wettbewerbe veranstaltet. In Anlehnung an diese Tradition habe ich meine Gedanken zum Thema Baum teilweise in ähnlicher Form verfaßt. Sie stehen bei den Bildern der ersten drei Kapitel.

Die einzelnen Abbildungen sind nicht chronologisch geordnet, sondern zeigen eine Zusammenstellung aus mehreren tausend Aufnahmen, die zu den unterschiedlichsten Tages- und Jahreszeiten aufgenommen worden sind. Sie dokumentieren einen Zeitabschnitt von über 15 Jahren aus dem Dasein einer Eiche. Der besondere Reiz der Aufnahmen liegt nicht in der Dokumentation der Veränderungen in der Zeit, sondern in den stark kontrastierenden Farb- und Lichtstimmungen, die Raum für eigene Empfindungen und Assoziationen geben.

Einige wenige Aufnahmen sind durch Doppelbelichtungen künstlerisch verfremdet worden, um besondere Wirkungen zu erzielen. Der größte Teil der Bilder aber zeigt die natürlichen Licht- und Farbverhältnisse vor Ort ohne Verwendung von Filtern und ohne künstliche Veränderungen des Fotomaterials.

Einen weiteren Aspekt, der besonders in den letzten Jahren für meine Fotoarbeit zunehmend an Bedeutung gewonnen hat, möchte ich hier hervorstellen: Welchen Einfluß üben Bilder von Bäumen auf den Menschen aus? Darauf kam ich zunächst bei der Ausstellung meiner ersten Fotos, die vom Sturm verwüstete, zersplitterte und durch andere Umwelteinflüsse abgestorbene Waldstücke im Harz zeigten.

Die Präsentation solcher Bilder löste in der Öffentlichkeit große Betroffenheit aus. Betroffenheit, die nicht nur in den Gesichtern und Gesten abzulesen war, sondern auch für mich subjektiv erlebbar, spürbar war.

Es ist bekannt, daß wir optische und akustische Reize in Form von Bildern und Tönen über unsere Sinne bewußt und unbewußt aufnehmen. Unabhängig davon, ob diese Reize positiv oder negativ sind, lösen sie entsprechende Signale in unserem Unterbewußtsein aus, von wo aus unser Verhalten maßgeblich gesteuert wird. Mir schien, daß so auch Bilder von kranken Bäumen einen negativen Einfluß auf Menschen ausüben können und anstelle eines positiven Umwelt-Schutzbewußtseins eher lähmende Betroffenheit bewirken.

Schon um meine eigene Betroffenheit angesichts dieser Bilder zu mildern, ging ich dazu über, in meinen Fotos die Schönheit von Bäumen zu zeigen. Immer häufiger fotografierte ich die Gielder Eiche, die seit dieser Zeit mehr und mehr in den Vordergrund meiner Arbeit rückte. Diese Fotos von schönen, interessanten und vor allem noch gesunden Bäumen lösten bei den Betrachtern entgegengesetzte, positive Reaktionen aus.

Diese Reaktionen lassen sich sogar körperlich nachweisen. Tatsächlich zeigte sich in Versuchen, bei denen ich Testpersonen Bilder von kranken Bäumen vorlegte, in vielen Fällen eine spontane „Schwäche"-Reaktion. Dagegen blieben die Personen, denen ich Bilder eines augenscheinlich gesunden Baumes vorlegte, ausnahmslos „stark", im Gleichgewicht.

Unter diesem Aspekt bekommt das eingangs angeführte Kästner-Zitat „Die Seele wird vom Pflastertreten krumm, mit Bäumen kann man reden wie mit Brüdern und tauscht bei ihnen seine Seele um" ein besonderes Gewicht.

„Seele umtauschen" könnte bedeuten, daß uns ein Baum unser Gleichgewicht zurückgibt. Schöpfen wir also neue Kraft, erholen wir uns unter Bäumen? Wenn ein Bild bereits eine positive Reaktion in uns auslöst, wie mag dann erst ein Baum in der freien Natur auf uns wirken? Sind daher Bäume nicht nur für das ökologische Gleichgewicht von außerordentlicher Bedeutung, sondern auch in nicht unerheblicher Weise für unser seelisches Gleichgewicht? Brauchen wir demzufolge Bäume für unsere Gesundheit? Brauchen wir auch gesunde Bäume für unsere Seele? Unter diesem Gesichtspunkt betrachte ich meine Fotoarbeiten über den Baum neben dem Eintreten für den Schutz der Umwelt auch als Möglichkeit, Menschen einen Ausgleich zu vielen negativen Einflüssen des Alltags zu bieten und ihnen zu helfen, ihr Gleichgewicht wiederherzustellen.

In diesem Sinne soll dieses Buch nicht nur eine Sammlung von Bildern und Gedanken sein, sondern zum tieferen Verständnis der Vorgänge in der Natur beitragen.

Für die Förderung durch die Niedersächsische Lottostiftung, die es ermöglichte, dieses Buch zu verwirklichen, möchte ich mich herzlich bedanken.

Dank geht auch an das Braunschweigische Landesmuseum in Wolfenbüttel, für die Bereitstellung von Archiv- und Fotomaterial sowie fachliche Informationen zu archäologischen Funden um die Gielder Eiche.

Vier Kapitel zu einem Thema

Am Anfang war das Licht
Mit Bäumen reden wie mit Brüdern
Unter einer rauhen Rinde bleibt ein verletzbares Inneres
Gedanken zum Thema Baum

Am Anfang war das Licht ...
... und Licht ist Leben!

Licht hat aber nicht nur eine elementare Bedeutung für die Lebensvorgänge, sondern beeinflußt durch seine physikalischen Eigenschaften maßgeblich das Erscheinungsbild unserer Umgebung. Die Wirkung auf unser Sehen und das damit verbundene Empfinden verändert sich durch eine ständige Nuancierung der Farben, bedingt durch zu- und abnehmende Intensität und Veränderungen des Lichtes beim Durchlaufen des Tageszyklus vom ersten Morgenschimmer bis zum versinkenden Abendlicht.

Goethe schreibt in seiner Farbenlehre folgendes zur Wirkung von Licht und Farben:

Da die Farbe in der Reihe der uranfänglichen Naturerscheinungen einen so hohen Platz behauptet ..., so werden wir uns nicht wundern, wenn wir erfahren, daß sie auf den Sinn des Auges, dem sie vorzüglich zugeeignet ist, und durch dessen Vermittlung auf das Gemüt, in ihren allgemeinsten elementaren Erscheinungen, ohne Bezug auf Beschaffenheit oder Form eines Materials, an dessen Oberfläche wir sie gewahr werden, einzeln eine spezifische, in Zusammenstellung eine teils harmonische, teils charakteristische, oft auch unharmonische, immer aber eine entschiedene und bedeutende Wirkung hervorbringt, die sich unmittelbar an das Sittliche anschließt. Deshalb denn Farbe, als ein Element der Kunst betrachtet, zu den höchsten ästhetischen Zwecken mitwirkend genutzt werden kann.

Das Licht in den sich ständig verändernden Tönen hat mich bei meinen Baumaufnahmen immer wieder fasziniert und inspiriert. Bei vielen meiner Aufnahmen könnte ich den Himmel ähnlich beschreiben wie van Gogh einmal das Meer beschrieben hat: ... *man weiß nie, ob es grün ist oder violett ..., gar blau, eine Sekunde später hat es sich in rosa oder violett verwandelt.* Der Baum, oft nur als Silhouette in diesem Spektrum frühen Morgenlichts, des hellblau-weiß gleißenden Mittags- oder warmschweren Abendlichtes, bleibt Mittelpunkt in einem wechselnden Geschehen.

Momente der überdeutlichen Kontraste, oft hervorgerufen durch starkes Gegenlicht, kann nur die Kamera, anders als das Auge, bruchteilsekundenschnell festhalten.

Das Auge des Betrachters wird so auf das Wesentliche der Aufnahme gelenkt: die Silhouette des Baumes und kontrastierende Farben des Himmels. In diesen Bildern wird der Baum als eigentliches Thema besonders hervorgehoben.

Am Anfang war das Licht

Wipfel umhüllend
Ziehende Nebelschwaden
Dem Licht entgegen.

Sternenlicht funkelt
Und samtweich die Luft umgibt
Nachtblau die Bäume.

Schimmernde Röte
In der Neige des Tages.
Farben verschmelzen.

Wie dunkle Seide
Unendlich naher Himmel
Über den Bäumen.

Über den Wolken
Erstrahlt das Blau des Himmels
Zum Greifen nahe.

Flirrende Bläue
Baumsilhouetten schweben
Und Vögel singen.

In der Unwirklichkeit
eines Augenblicks

Wie ein Feuerball,
Die Sonne im Horizont
Färbt rot die Bäume.

Überm Horizont
Die Abendsonnenröte
Und dunkle Bäume.

Vor dem Horizont
In heller Morgenröte
Die Bäume leuchten.

Mit Bäumen reden wie mit Brüdern ...

Schon von alters her haben Bäume für die Menschen eine besondere Bedeutung. Als wichtiges Sinnbild des Lebens – Baum der Erkenntnis, der Erleuchtung – wurden sie zu allen Zeiten bewundert und verehrt.

Auch heute noch werden Bäume gern von Menschen aufgesucht, die bewußt oder unbewußt eine innere Beziehung zur Natur in sich verspüren. Gerade alte, freistehende Bäume sind immer wieder Anziehungspunkte, an denen Momente des Verweilens besonders intensiv erlebt werden.

Nichts ist heiliger, nichts ist vorbildlicher als ein schöner starker Baum ..., und wer mit ihnen zu sprechen, ihnen zuzuhören weiß, der erfährt die Wahrheit.

So empfand es Hesse, und so mögen es viele andere wahrscheinlich auch empfinden. So ist vielleicht gerade deshalb dem Wanderer, dem Radfahrer und der Gruppe junger Leute bei ihrer Rast unter einem Baum allen eines gemeinsam: eine Hinwendung zur Natur, die auch ein meditativer Weg zu sich selbst und ein Zwiegespräch mit dem Baum ist.

An ihn kann man sich anlehnen, die Rinde ertasten, aufschauen in das mächtige Astwerk und dabei insgeheim die Kraft des starken alten Baumes erflehen.Und vielleicht sind die Menschen alten Bäumen auch deshalb besonders zugetan, weil sie in ihnen sich selbst wiederfinden, wenn sich im Stamm oder im gewundenen Astwerk Leiber, Gesichter oder sich ausstreckende, schützende Arme erkennen lassen. Mit Bäumen reden wie mit Brüdern, ein Gedanke, der umso mehr an Bedeutung gewinnt, je stärker die Bedrohung der Natur durch den Menschen offenkundig wird und je mehr die Gefahr zunimmt, einen Freund für immer zu verlieren.

Erspüren, die Kraft der Zweige

Im Licht der Sonne
Bleiben dunkel die Schatten,
Hinter jedem Baum.

Zwischen den Ästen
Gleißend funkelnde Lichter:
Die Sonnenstrahlen.

An manchen Tagen
Erstrahlt der Himmel klarer.
So unendlich nah
Sind dann Zweige und Blätter
Vor dem grenzenlosen Blau.

Zu dem Rauschen noch
Die Vogelstimmen
In Kronendächern.

Dunkel die Äste
Dahinter Sonnenstrahlen,
Spielen mit dem Grün.

Unter den Bäumen
Vergaß ich den Lärm der Zeit,
Manchen Sommer lang.

Unter einer rauhen Rinde bleibt ein verletzbares Inneres

Zu allen Zeiten waren Bäume den Kräften der Natur ausgesetzt. Manche entwickelten gerade dadurch eine erstaunliche Fähigkeit, vieler Verletzungen zum Trotz zu überleben. Zu diesen Bäumen gehört vor allem auch die Eiche, nicht selten vom Blitz getroffen, vom Wind zerzaust! Mancher mag sich beim Anblick knorriger Standhaftigkeit vieler Eichen wünschen, ein wenig von dieser äußerlich urwüchsig erscheinenden Kraft zu besitzen.

Und doch ist diese vermeintliche Kraft angesichts vieler heutiger Bedrohungen nicht unerschöpflich.

Mögen viele äußere Verletzungen vernarben, so sind tiefere, unsichtbare Wunden häufig nicht mehr heilbar.

Die Sprache der Bäume ist leise, nur mit offenen Augen zu verstehen. Und vielleicht verbirgt sich unter den ersten nicht mehr grünenden Zweigen bereits ein stummer Hilferuf, bevor Bäume manchmal von einem Tag auf den anderen sterben.

Unsere ständigen Forderungen an die Natur sind grenzenlos, so ist auch der Baum angreifbarer, verletzbarer geworden. Mancher möchte wie zum Trost die Hände an die Rinde des Baumes legen in dem Wissen: unter einer rauhen Rinde bleibt ein verletzbares Inneres!

Winterzauber

Im Grün der Zweige
Ist der Frühling zu Hause,
In allen Blättern.

Am Rande der Nacht

Grenzenlos das Blau
Und Federwolken im Wind
Über Bäume ziehn.

Ein Rascheln im Wind
Sind bunte Blätter im Herbst
Nach dem Sommertraum.

Die Rinde ertasten

Gedanken zum Baum

„Ich hör schon alle sagen, ein Baum, was ist das schon, ein Stamm, Blätter, Wurzeln ... und eine manierlich ausgebildete Krone, wenn's hochkommt, na und? Ich höre sie sagen, hast du nichts Besseres, woran du denken kannst, damit sich deine Blicke verklären ...?" (Jurek Becker).

Zum Thema Baum ist viel geschrieben worden. Vom Altertum bis heute widmeten sich viele Erzähler und Dichter diesem Thema.

Das spiegelt sich unter anderem in zahlreichen Metaphern wider, in denen der Baum das Leben bedeutet, wie etwa bei Hermann Hesse „vom Baum des Lebens fällt mir Blatt um Blatt" oder bei Achim von Arnim „grüner Baum des Lebens in meiner Brust versteckt".

Begeistert äußert sich Robert Walser in seiner Beschreibung des Waldes: „Wie herrlich sind wieder Eichen und ganze Wälder von Eichen! Sie sind bei uns wohl die seltenste Art Wald. Ihre Haltung und Form als einzelner Baum ist schon erhebend und groß, wie viel wuchtiger und mächtiger tritt uns ein ganzer Eichenwald entgegen!"

Andere, wie Günter Eich, suchen Beistand bei den Bäumen: „Wer möchte leben ohne den Trost der Bäume?" oder Erheiterung nach schlimmen Stunden, wie es Robert Walser ausdrückte: „Nachts hat man manchmal schlimme Träume, doch man vergißt sie alle, (...) und dann sind ja die Bäume vorhanden, um uns zu erquicken, ermuntert auf sie aufzublicken."

Fast ehrfürchtig muten die Zeilen Hesses an „Bäume sind Heiligtümer! Wer ihnen zuzuhören weiß, der erfährt die Wahrheit."

Bereits die Bibel ruft auf zum Schützen und Bewahren der Natur: „Und Gott ließ aus dem Erdboden allerlei Bäume hervorwachsen (...) und der Herr nahm den Menschen in den Garten Eden, daß er ihn bebaue und bewahre." Natur bewahren, das war sicher auch ein Anliegen Goethes, wenn er zornig formuliert: „Werther, als er hörte, daß die beiden Nussbäume des Pfarrhofs auf Befehl der neuen Pfarrerin abgehauen worden waren, konnte sich nicht fassen. 'Abgehauen! ich möchte toll werden, ich könnte den Hund ermorden, der den ersten Hieb daran tat (...)'"
Angesichts der fortschreitenden Waldvernichtung und Umweltzerstörung und der oft hilflos

Die Sprache der Bäume ist leise.
Wir müssen sehen lernen,
um sie zu verstehen ...

erscheinenden Versuche, dem entgegenzuwirken, bekommen die Zeilen Wladimir Krupins ein besonderes Gewicht. Er schreibt: „Und heute, bei den Lärchen, war da so etwas Herrliches. Hinter ihnen – im gelblichen Dunst, Felder. Dann Wald, Himmel, Meer ... Hier ein einzig kleiner Auszug aus Vaters Memoiren: 'Nach dem Technikum delegierte man mich in die Holzverarbeitung. Aber Bäume zersägen konnte meine Seele nicht ertragen. Also ging ich in die Forstwirtschaft ... Ich schützte den Wald und pflanzte einen neuen. Es ist lächerlich, wenn ich in der Zeitung lese, daß jeder nur einen Baum pflanzen soll ... Ich las in einer Zeitschrift, daß in jeder Minute auf dem Erdball vierzig Hektar Wüste entstehen (...)'"

Eine besonders große Verehrung der Natur kommt in einer klassischen japanischen Lyrikform, den sogenannten Haikus zum Ausdruck. In diesen dreizeiligen Gedichten wird in knappster Form, einfacher und klarer Sprache, eine Naturstimmung eingefangen, die sich zu einem Stimmungsbild von schlichter Harmonie fügt. Zusammen mit meinen beiden Texten, die an Anfang und Schluß des Kapitels stehen, unterstreichen sie die Aufforderung, näher hinzuschauen, sich der Natur mehr zuzuwenden und das Wunder Baum zu schützen und zu bewahren.

Die Haufenwolken
Als weiße Segel sich just
Im Süden sammeln.
SHIRI (1867–1902)

Zu Mond und Schnee noch
Dort draußen Silberschwaden
Im Morgenzwielicht.
MICHIHIKO (1757–1820)

Von fern und nahe
Hör ich den Sturzbach rauschen:
Der Fall des Laubes!
BASHÔ (1644–94)

Im Baumesdunkel
Die Schmetterlinge spielen
Schon lange, sieh nur!
TAKASHI (1906–1956)

Das Wetter zieht ab:
Der Baum im Rot des Abends
Und Grillenzirpen.
SHIKI (1867–1902)

Der Sommer kam doch
So einzig zu den Blättern:
In allen einzeln.
BASHÔ (1644–94)

Voreilig glaubt man,
Das Rot des Abends käme:
Es ist das Herbstlaub.
ISSA (1763–1827)

Im sanften Windhauch
Und Sonnenlichte flüstern
Die Sommerbäume.
SÔJÔ (geb. 1901)

Im Vollmondschein hat
Vor Gras und Baum zu weichen
Des Menschen Schatten.
BAISHITSU (1769–1852)

Wie herrlich, herrlich
Im Düster der Bäume selbst
Die Sonnenstrahlen!
BASHÔ (1644–94)

Im Mondesglanze
Wallt Leben und Tod dahin –
Die Menschen schlafen.
TAKAKO (1887 – ?)

Die Nachtigall, horch,
Begleitet mit fernem Sang
Den Sonnenaufgang.
CHORAL (1721–72)

Zuerst vertrau ich
Auch hier der Eiche mich an
In Sommerbäumen.
BASHÔ (1644–94)

Auf kahles Astwerk
Hat sich die Krähe niedergesenkt:
Des Herbstes Abend.
BASHÔ (1644–94)

100

Das Nieseln färbte
Die Bäume nun noch schwärzer –
Und was noch, was noch?
SAIMORO (1656–1737)

Auf Feld und Hügel
Regt sich kein lebend Wesen
Im Schnee des Morgens.
CHIYO-NI (1702–75)

Die Winterbäume
Von alten, alten Zeiten
Ein Widerhall sind.
ISSA (1763–1827)

Am kahlen Astwerk
Vom ersten Frühlingsregen
Die runden Perlen.
KYOSKI (1874–1959)

Wie herrlich, herrlich:
Das frische grüne Blattwerk
Im Sonnenglaste.
BASHÔ (1644–94)

Oh, welche Stille:
Das welke Herbstlaub durcheilt
Ein Vogelrascheln.
RYÛSHI († 1681)

110

Ohne Wurzel kein Sproß,
ohne Sproß kein Zweig,
ohne Zweig kein Ast,
ohne Ast kein Baum,
ohne Baum kein Wald,
ohne Holz kein Tisch,
kein Stuhl, kein Schrank,
keine Hütte, kein Dach,
kein Klavier, keine Flöte,
keine Geige, kein Buch,
keine Zeitung

Kein Mensch
könnte so viel Leere ertragen ...

Werner Reichel, geboren 1946 in Lengerich, Westfalen, ist seit vielen Jahren als freier Fotograf, Maler und Autor tätig. Er erhielt Preise bei verschiedenen Fotowettbewerben.

seit 1980   Fotoausstellungen zum Thema Wald, u. a. in Hannover, Goslar, Bad Harzburg, Hildesheim, Osnabrück, Vechelde, Büsum

1987   Vorstellung von Fotoarbeiten aus der Reihe *Ein Baum ist mehr als nur ein Stück Holz* auf NDR in der Sendung „Hallo Niedersachsen" (Fotografie und Texte)

seit 1988   Erste Arbeiten aus der Reihe *Verbindungen* (Malerei, Öl-Acryl-Metall) und *Erinnerungen* (Tempera-Collagen)

1988/89   *Der gestaltete Baum* (Fotocollagen)

1990 und 1991   Bildkalender *Ein Baum ist mehr als nur ein Stück Holz* (Fotografie)

1993   Ausstellung *Verbindungen* (Öl-Acryl-Metall), Schledehausen, Niedersachsen.

seit 1994   Arbeiten an der Serie *Adam und Eva* (Fotocollagen und Montagen)

1994   Ausstellung *Ein Baum ist mehr als nur ein Stück Holz* (Fotografie), Goslar

1994   Ausstellung *Erinnerungen* (Tempera-Collagen), Goslar

1994–96   Vorstellung verschiedener Fotoarbeiten zum Thema Baum in Rundfunk (NDR 1 Radio Niedersachsen) und Fernsehen (N3, SAT1 Regional und NDR Regional)

1995   Ausstellung *Ein Baum ist mehr als nur ein Stück Holz* (Fotografie) und *Adam und Eva* (Fotocollagen und Montagen), Landesfunkhaus Hannover

1997   Ausstellung *Ein Baum ist mehr als nur ein Stück Holz* (Fotografie) und *Adam und Eva* (Fotocollagen und Montagen), Umweltministerium Hannover

1998   Ausstellung *Farbräume* (Foto-Art)